Mit der magischen
Dampflok
auf Entdeckungsreise

Dinosaurier · Piraten · Ritter

gondolino

ISBN 978-3-8112-3394-2
1. Auflage 2016
© für diese Ausgabe: gondolino GmbH, Bindlach 2016
Texte: Sandra Grimm, Illustrationen: Ute Simon
Umschlaggestaltung: Vanessa Braun
Printed in Poland

Der Umwelt zuliebe gedruckt auf chlorfrei gebleichtem Papier.

www.gondolino.de

Inhalt

Im Land der Dinosaurier

Eine Kindergarten-Schildkröte

Tina, Jesper und Lara sitzen in ihrer Blätterhöhle und spielen Schule.
Auf dem Spielplatz des Kindergartens ist viel los: Überall lachen und toben
Kinder herum. Aber die Höhle gehört den Großen. Da trauen sich die
Kleinen zum Glück nicht herein.

„Was ist das hier?", fragt Tina, die heute die Lehrerin spielt. Sie zeigt auf
eine gelbe Blume.

„Ein Löwenzahn", antwortet Jesper.

„Sehr gut", lobt Tina. „Und was ist – huch!"
Wogegen ist sie denn da gerade gestoßen?

„Das ist eine Schildkröte", kichert Lara.
„Wie kommt denn eine Schildkröte in
unseren Kindergarten?", überlegt
Tina. „Die müssen wir Tanja
zeigen!"

Tanja!

Tanja ist die Erzieherin aus
der Sonnenblumengruppe.
Neugierig schaut sie in die Höhle
herein.

„Tanja, guck mal, eine Schildkröte",
ruft Lara ihr entgegen.

„Ja, was machst du denn hier?", fragt Tanja
die Schildkröte. Vorsichtig streichelt sie ihr über
den harten Panzer.

„Vielleicht ist sie jemandem weggelaufen", meint Tina und
guckt ganz besorgt.

Tanja nickt. „Am besten, ihr bringt sie zu Professor
Zweistein, der wird sich dann um sie kümmern."

Tanja holt einen Bollerwagen und setzt die Schildkröte vorsichtig hinein. Dann schieben die Kinder sie zur Wohnung von
Professor Zweistein, dem Hausmeister des Kindergartens.

Professor Zweistein ist ein dicker kleiner Mann mit Bart.
Professor heißt er, weil er einer ist und fast alles weiß. Er hat
immer eine Pfeife im Mund, die er aber nicht anzündet. „Viel
zu ungesund", meint er.

Jetzt sitzt Professor Zweistein vor seiner Wohnung und hält
die nackten Zehen in die Sonne. Der Professor hat
die beste Wohnung, die es auf der ganzen
Welt gibt, finden die Kinder: Er wohnt in
einer alten Dampflok mit schickem Erste-
Klasse-Waggon, die auf der großen
Wiese des Kindergartens steht.

Professor Zweistein reckt den Kopf nach vorn. „Oh, was ist das denn Schönes? Na, Reptilia, hast du einen kleinen Ausflug gemacht?"
„Reptilia?" Jesper sieht den Professor fragend an. „Heißt die Schild- kröte so?"

Der Professor wackelt mit der Pfeife auf und ab. „Hmm, genau. Sie ist mir vor ein paar Tagen zugelaufen. So lange, bis ich ihren Besitzer gefunden habe, bleibt sie bei mir."
„Aber fühlt sie sich denn wohl hier?", fragt Jesper.

„Schildkröten gibt es schon seit 250 Millionen Jahren auf der Erde", erklärt der Professor. „Die Vorfahren von Reptilia lebten also schon lange vor den ersten Menschen. Sie brauchen nicht viel, um sich wohlzufühlen."

„Schildkröten gibt es schon so lange?" Tina zweifelt, ob der Professor sich da wohl richtig auskennt.

„Glaubst mir wohl nicht, wie?", schmunzelt Professor Zweistein. Seine Pfeife wippt ungeduldig in seinem Mundwinkel auf und ab. „Musst wohl alles selber sehen, wie? Na, denn mal los!"

Jesper reißt die Augen auf. „Wie, los? Wohin denn?"

Aber Professor Zweistein antwortet ihm nicht.

Alles einsteigen!
Und haltet euch gut fest!

Er setzt Reptilia vorsichtig in
eine Kiste. Dann schließt
er die Waggontür und
steigt in die Dampflok.
Er öffnet eine Luke und füllt
staubige schwarze Kohle in den
Kessel. Dann bewegt er einige
Hebel. Es knackt laut, und durch
einen Lautsprecher hören die Kinder
den Professor brüllen: „Abfahrt!"
Lara kichert. „Der Professor spinnt
mal wieder", flüstert sie.
Dann ist es still.

13

Plötzlich steigt mit einem lauten PUFF eine dicke graue Wolke aus dem Schornstein der Lok. Immer dichter wird der Rauch und umhüllt den ganzen Zug mit einer grauweißen Nebelwand. Tina, Lara und Jesper können draußen nichts mehr sehen.

Dann zischt es laut. Der Zug beginnt zu wackeln. Die Kinder halten sich fest. Der Waggon knirscht und ächzt. „Was ist das?", fragt Jesper. Im selben Moment ist es wieder still.

Der Nebel wird dünner, und die Kinder können ein bisschen mehr sehen. Aber was sehen sie da?

Der Kindergarten ist verschwunden!

„Wo sind wir?", flüstert Jesper. Neugierig öffnet er das
Fenster und streckt den Kopf hinaus. Draußen scheint
die Sonne auf eine fremde Landschaft. Es wächst kein
Gras, aber sonst kann Jesper viele Pflanzen
sehen, die ähnlich aussehen wie
Bäume und Sträucher, die er von zu
Hause kennt. Und es wachsen auch viele bunte
Blüten an grünen Büschen. Dazwischen
summen Insekten, und einige Vögel huschen
durch die Äste. „Seht mal da, eine
Schlange", flüstert Tina. „Lasst uns bloß
hier im Zug bleiben!"

Dinosaurier überall!

Da öffnet der Professor die Tür des Waggons. „Hallo, Kinder, ist euch der Flug gut bekommen?"

„Wir sind geflogen?", fragt Jesper verwundert.

Lara kichert. „Na ja, der Kindergarten wird ja wohl nicht weggeflogen sein!" Professor Zweistein nickt. „Geflogen ist nicht ganz richtig. Eigentlich sind wir eher gereist. Und zwar durch Zeit und Raum. Was meint ihr, wo wir gelandet sind?"

„Es hat sicher irgendwas mit der Schildkröte zu tun", glaubt Tina.

Der Professor nickt so begeistert, dass ihm beinahe die Pfeife aus dem Mund fällt. „Seht mal hinaus", rät er.

Jesper ist wieder der Erste, der den Kopf aus dem Fenster reckt. „Es ist alles gar nicht so fremd", meint er. „Dahinten kommt ein Tier! Es sieht aus wie ein ... wie ein – huch!" Schnell zieht Jesper seinen Kopf zurück und schließt das Fenster. Der Professor lacht.

„Was denn?", fragt Lara und klettert zu Jesper auf den Sitz. Draußen stampft etwas heran. Ein Schatten fällt auf den Waggon. Plötzlich schiebt sich etwas vor das Fenster. Erst sehen sie einen Mund. Und dann erscheint ein riesiges Auge und sieht in den Waggon hinein.

Aaaah!

„Der tut nichts", sagt der Professor.

„Ist das ... ist das ein Dinosaurier?", keucht Tina. Ihr Herz klopft wie verrückt. Professor Zweistein nickt. „Das ist ein Iguanodon. Ein pflanzenfressender Dinosaurier. Der ist nur neugierig."

„Aber ganz schön fürchterlich", findet Jesper.

Das Iguanodon stupst kurz mit der Nase gegen den Waggon. Der ganze Zug wackelt. Dann dreht der Dinosaurier sich um und stapft davon.

„Also sind wir tatsächlich in der Dinosaurierzeit gelandet?", fragt Jesper erstaunt.

Professor Zweistein nickt. „Die Dinosaurier haben über viele Millionen Jahre auf der Erde gelebt. Damals gab es auch die ersten Schildkröten. Wir sind ans Ende dieser Zeit gereist. Das kann man daran sehen, dass es schon Blumen und viele Insekten gibt, die vorher noch nicht da waren."

„Was denn für Insekten?", fragt Jesper und sieht sich misstrauisch um. Da landet tatsächlich gerade ein bunter Schmetterling auf der Fensterscheibe. Er flattert kurz mit den Flügeln, dann fliegt er wieder davon.

„Schmetterlinge zum Beispiel", lacht der Professor.

„Oder auch Bienen. Es gibt in dieser Zeit Bienen, die keine Stacheln haben."

„Das find ich gut", meint Lara.

Tina nickt. Endlich mal eine beruhigende Nachricht.

„Kommt, wir steigen aus", sagt der Professor.

„Aussteigen?", ächzt Tina. „Bei den Dinos?"

Aber Lara lacht nur. „Warum nicht? Komm schon!"

Obwohl ihr doch eigentlich ein bisschen mulmig ist bei dem
Gedanken, dass gleich ein Riesendino vor ihr stehen könnte.

Plötzlich hören sie ein Rascheln. „Psst!", macht der Professor.

„Versteckt euch hinter dem Farn!"

Und tatsächlich, da stapfen langsam zwei Tiere an ihnen vorüber.

Sie laufen auf den Hinterbeinen und haben lange Schwänze.

„Die sind ja kleiner als du, Professor", flüstert Jesper.

„Dafür sind sie so lang wie die Lok",
wispert der Professor zurück. „Das sind Hypsilophodone.
Sie fressen aber nur Pflanzen, zum Glück!"

„Können wir dann nicht mal zu ihnen gehen?"

Aber Lara wartet gar nicht, bis der Professor
antwortet. Sie klettert aus dem Farn
hervor und tappt hinter den Dinos her.

Hallo, Dinos, kommt, lasst euch streicheln!

Aber die Hypsilophodone drehen nicht einmal den Kopf, sondern rennen nur erschrocken davon.

Unzufrieden kehrt Lara zu den anderen zurück.

Der Professor nickt. „Das habe ich auch mal versucht. Aber du hattest Glück. Mir sind die Hypsilophodone damals hinterhergerannt. Ich hab mir fast in die Hosen gemacht vor Angst!" Lara kichert. Der Professor kaut lächelnd an seiner Pfeife.

„Aber die waren ja winzig", mault Lara. „Wo sind denn die echten Dinos? Der Tyrannosaurus Rex, also der aus dem Fernsehen?"

Professor Zweistein zuckt mit den Schultern und kriecht aus dem Farn. Dann geht er langsam den Weg entlang, den die beiden Dinosaurier eingeschlagen haben. Doch auf einmal stockt ihnen der Atem: Nur wenige Schritte vor ihnen steht ein Dinosaurier!

Aber er sieht auch nicht sehr gruselig aus, er guckt sogar eher freundlich!

Er öffnet den Mund als wolle er mit ihnen sprechen.

Hallo, wer seid denn ihr?

Lara, Tina und Jesper trauen ihren Ohren kaum. Hat der Dino gerade etwas gesagt?
„Ähh ...", macht Lara.
„Ich heiße Maja. Ich bin ein Maiasaura. Und ich fresse nur Pflanzen, habt keine Angst. Ihr seid aber - na ja, ich will nicht unhöflich sein - mickrige Dinosaurier ..."
Die Kinder schauen sie verdutzt an.

Jetzt tritt Professor Zweistein einen Schritt vor
und nimmt höflich seine Pfeife aus dem Mund.
„Guten Tag, Maja. Ich bin Professor Zweistein.
Wir sind keine Dinosaurier, sondern Menschen.
Wir kommen von weit her und würden gern
dein Land und dein Leben kennenlernen! Würdest du uns bitte
ein bisschen herumführen?" 
Maja nickt begeistert.
Jesper, Lara und Tina stehen immer noch mit offenem Mund da.
Der Professor dreht sich zu ihnen um und lacht. „Macht den
Mund lieber wieder zu, bevor noch eine Biene reinfliegt! Ich habe
doch gesagt, dass man bei Zeitreisen Dinge erleben kann, die sonst
unmöglich sind!"

Kommt mit!

Rette sich, wer kann!

Maja führt sie durch den Wald, während der Professor
ihr erklärt, dass sie ihren Zug brauchen, um schnell genug
mitkommen zu können. Die Kinder folgen ihnen zögernd.
Plötzlich bleibt Maja stehen und horcht. „Kommt schnell",
sagt sie und läuft in dichtes Gestrüpp. Sie kauert sich zwischen
einige Farne. Obwohl sie so groß ist, kann sie sich recht gut
verstecken. Der Professor und die Kinder drücken sich eng an
den Dinokörper. Da hören sie es auch. Ein dunkles Knurren
wird lauter. Schwere Schritte, die bei jedem Auftritt die Erde
erzittern lassen, kommen näher.

Grrrr

Und dann sehen sie es: Dort kommt der riesige Tyrannosaurus
Rex! Tina bleibt fast das Herz stehen vor Angst. Aufgeregt
quetscht sie Laras und Jespers Hand.

„So ein Tyrannosaurus Rex wiegt mindestens sechs Tonnen!",
flüstert der Professor. „Das ist so viel wie sechs Autos!"

Der Tyrannosaurus Rex bleibt stehen und hebt den Kopf in ihre
Richtung.

„Der hat uns gerochen!" Tina presst die Hand vor den Mund,
um einen Schrei zu unterdrücken. „Ich will nicht als Dino-Pausen-
brot enden!", wimmert sie leise.

Dann macht der Tyrannosaurus drei große Schritte auf sie zu.

Doch dann dreht er plötzlich den Kopf zur Seite und läuft in die andere Richtung.

„Puh", seufzt Tina.
„Das war knapp!"
„Na, hoffentlich frisst er unseren
Zug nicht", sagt Professor Zweistein.
„Warum nicht? Dann leben wir für immer bei Maja",
sagt Lara und sieht Jesper grinsend an.
„Das ist nicht lustig", stöhnt Tina. „Wirklich nicht", findet auch
Professor Zweistein und hebt drohend seine Pfeife. „Es gibt hier
weder Obst noch das Gemüse, das wir kennen, ganz zu schweigen
von Getreide. Wir könnten nur Grünpflanzen essen. Oder möchtest
du uns einen Dinosaurier zum Abendbrot fangen?"

26

Jesper rollt mit den Augen, aber Lara lacht sich nur schlapp.
Da erreichen sie zum Glück den Zug, der völlig unbeschadet
ist. Auch Reptilia schläft immer noch ruhig in ihrer Schild-
krötenkiste.
„So, jetzt zeige ich euch alles", sagt Maja. „Seht nur,
dahinten kommt der brummige Ankylosaurus!
Vielleicht mag er ja heute ein wenig mit uns
plaudern?"

He, hallo!

Maja winkt dem
gepanzerten Dino-
saurier mit ihren
dünnen Vorderbeinen.
Aber der Ankylosaurus
läuft einfach weiter.
„Er hat ja lauter dicke Stacheln auf dem
Rücken", ruft Jesper. „Wozu sind denn die?"
„Damit schützt er sich", erklärt Maja. „Wenn ein
hungriger Dinosaurier versucht, den Ankylosaurus zu packen,
kommt er durch die Panzerhaut und die Stacheln nicht hindurch.
Außerdem hat er eine Keule am Schwanz, seht ihr? Damit kann er
ausholen und um sich schlagen."
Gut, dass der Ankylosaurus nicht so nahe am Zug vorbeigeht,
denkt Tina. Er sieht zwar recht harmlos aus, aber er ist immerhin
fast so lang wie der Tyrannosaurus Rex!

Maja läuft langsam los. Professor Zweistein
wendet den Zug und fährt ihr hinterher.

Dabei redet Maja die ganze Zeit: „Ich habe viele
Freunde hier. Alle Dinosaurier, die nur Pflanzen
fressen, kenne ich sehr gut. Viele wohnen auch im
Wald oder am Waldrand wie ich. Im Wald kann man
sich besser vor den großen Fleischfressern schützen. Ich
habe ja keine Waffen wie der Ankylosaurier. Deshalb
muss ich mich verstecken oder weglaufen."

Maja zeigt zum Waldrand hinüber. „Seht ihr die
Dinosaurier dahinten? Viele Dinos bleiben in einer
Herde zusammen, wenn sie auf Nahrungssuche
herumwandern. So können sie sich auch gut
schützen."

„Wieso sind sie dann geschützt?", fragt Tina. „Das verstehe ich nicht."
Maja hebt den Kopf und sieht nach vorn. „Das dahinten ist eine
Herde Triceratops. Seht ihr die drei spitzen Hörner an ihrem Kopf?
Damit können sie sich auch allein ganz gut verteidigen. Aber wenn sie
in der Herde angegriffen werden, stellen sie sich im Kreis auf. Dann
kann kein Fleischfresser mehr von hinten angreifen, und sie sind wirklich recht sicher."
Professor Zweistein zeigt noch einmal zur Herde: „Seht mal, dort
sind auch ganz kleine Triceratops. Die stehen bei so einem Angriff
mitten im Kreis. So kann kein Dino an sie heran. Gut, was?"
Jesper, Tina und Lara nicken beeindruckt.

Sie fahren weiter, und vor ihnen tauchen hinter einem Waldstück große Berge auf.
Am Fuß der ersten Hügel bleibt Maja plötzlich stehen.
Neben ihnen läuft gerade eine sehr große Schildkröte und frisst gemütlich einige Blätter.
„Es gab also wirklich schon Schildkröten bei den Dinos?", fragt Tina verblüfft.
„Vielleicht sollten wir Reptilia hierlassen", überlegt Jesper.
Doch Professor Zweistein schüttelt den Kopf.
„Bei uns in Deutschland leben Schild-
kröten nicht in der freien Natur. Sie
weiß gar nicht, wie und wo sie ihr
Futter suchen soll oder wo sie sich
verstecken kann."

In Luft und Wasser

Maja stapft bereits weiter. „Wir müssen noch durch diese Sümpfe, dahinter fangen die Berge an. Seht ihr die riesigen Gebirge dort hinten? Dort oben war ich noch nie. Ich weiß nicht, ob dort auch noch Dinosaurier leben."

Professor Zweistein hat Mühe, den kleinen Zug hinter dem Maiasaura durch die sumpfige Landschaft zu steuern. Zum Glück erreichen sie bald wieder felsigen Boden. Aber nun wird es nur noch schwieriger.

„Schade, dass die Dinos damals nicht schon Straßen hatten", meint Lara.

„Eigentlich hatten sie die schon", murmelt Professor Zweistein, der inzwischen vor Anstrengung hochrot im Gesicht ist.

„Die Dinos hatten Straßen?", fragt Tina
verblüfft.

Der Professor nickt. „Sie sind oft in großen
Herden dieselben Wege entlanggegangen. An Flüssen
zum Beispiel. Da entstanden dann richtige Wander-stre-
cken. Fast wie eine Autobahn." Jetzt muss Tina
grinsen. Der Professor übertreibt. Autobahnen
sehen wohl ein bisschen anders aus!

Während der Professor mit der Lok kämpft, sehen
die Kinder zum Fenster hinaus. „Warum sehen wir
keinen einzigen Dino mehr, Maja?", fragt Lara.

„Weil in den Bergen nicht so viele Dinosaurier leben",
erklärt Maja. „Wir sind nicht die besten Kletterer."
Maja steigt immer höher. Die kleine Lokomotive stampft
und ächzt. Und als die Kinder glauben, jetzt kommen sie
nicht mehr vorwärts, da sehen sie vor sich plötzlich
einen langen flachen Felsen.
„Pause, endlich", stöhnt Professor Zweistein.

„Wo sind wir?", fragt Lara neugierig.
Maja lächelt. „Am Meer. Schaut euch mal um!"
Und jetzt sehen die Kinder es auch: Der lange Felsen,
auf dem sie stehen, hört vor ihnen einfach auf.
Und darunter kommt eine ganze Weile erst
mal gar nichts ...

... nur ganz weit unten, da liegt das
tiefe blaue Meer.
„Ist das schön!", staunt Tina.
„Was sind denn die dunklen Flecken
dort oben?", fragt sie Maja.

„Das ist meine Überraschung", lächelt Maja. „Das
sind Flugsaurier!"
„Fliegende Dinos?" Jesper bleibt vor Staunen der
Mund offen stehen.
„Nicht ganz", antwortet der Professor. „Diese
Saurier heißen Pteranodone und sind mit den Dino-
sauriern verwandt, aber sie gehören
nicht zu ihnen. Sie sehen ja auch ganz
anders aus."
Die Kinder können bald sehen,
wie recht der Professor hat: Zwei
riesige Schatten stürzen auf sie
hinunter. Tina schreit auf und
verkriecht sich unter
dem Waggonsitz.

„Sind die riesig", stöhnt Jesper. Die Flügel des Pteranodon
haben den ganzen Zug beschattet.

„Ihre Flügel sind zusammen neun Meter breit", sagt Professor
Zweistein. „Sie haben keine Federn, sondern sind aus einer
Lederhaut, ähnlich wie bei unseren Fledermäusen."

„Lasst uns besser wieder umdrehen, wir müssen ja noch den
ganzen Weg zurück. Der Abstieg ist immer sehr anstrengend!",
meint Maja besorgt.

Seufzend beginnt Professor Zweistein damit, den Zug zu
 wenden. Aber der Felsen ist sehr schmal. Plötzlich fliegt ein
neugieriger Pteranodon herab und setzt sich auf den Waggon.
Sofort beginnt der Zug zu kippen. Gefährlich schwebt er über
dem Abgrund.

Wir stürzen!

Die anderen klammern sich nur an ihre
Sitze. Selbst Professor Zweistein stehen die
Haare zu Berge. Sie fallen und
fallen und fallen ...

Aaaaah!

... und fallen ins blaugrüne Meer.
Doch zum Glück sind sie Zeitreisende!
„Der Zug ist ja wasserdicht", staunt Tina. Um sie herum
schimmert das Wasser, aber kein Tropfen dringt in den
Waggon. Auch der Professor winkt ihnen fröhlich aus
der Lok zu. Dann schaufelt er mehr Kohle in den
Kessel, und die Fahrt geht unter Wasser weiter.

„Seht mal, dort!", ruft Lara. Neben ihnen schwimmen
seltsame Fische. Eigentlich sehen sie gar nicht aus wie
Fische. „Ob das auch Dinosaurier sind?"
Plötzlich knackt es, und sie hören Professor Zweisteins Stimme
wieder durch den Lautsprecher: „Das sind Meeresreptilien.
Der lange hier vorne, der aussieht wie ein Krokodil, der heißt
Tylosaurus. Der kann noch mehr wiegen als der Tyrannosaurus
Rex! Und was dort hinten aussieht wie ein Delfin, ist ein
Ichthyosaurus. Die kommen eigentlich nicht so nah
ans Ufer, sondern leben im offenen Meer.
Sie fressen gern Tintenfische!"

Majas Familie

Lara, Tina und Jesper staunen. Das ist das Schönste, was sie bisher gesehen haben! Plötzlich erscheint neben ihnen ein langer Hals. Er scheint gar nicht zu enden. Doch schließlich geht er in einen dicken Körper mit Flossen und Schwanz über. „Ein Elasmosaurus", hören sie den Professor sagen. „Seht ihr seine langen Zähne?" Die sind wirklich beeindruckend, findet Jesper. Und er ist froh, als er merkt, dass der Waggon auf dem Boden aufsetzt und sie langsam aus dem Wasser fahren. An Land fühlt Jesper sich doch sicherer. Am Ufer steht auch schon Maja und sieht ihnen besorgt entgegen. Als sie merkt, dass ihren Besuchern nichts passiert ist, atmet sie erleichtert auf.

„Zum Abschied zeige ich euch noch etwas ganz
Besonderes", sagt Maja. „Kommt mit!" Professor
Zweistein lädt Kohle nach und fährt Maja hinterher. Sie
scheint es plötzlich eilig zu haben, der kleine Zug kann
ihr kaum folgen. Plötzlich bleibt Maja stehen.
Der Professor schmunzelt. „Schaut mal, dort", sagt er nur.
Die Kinder sehen, wie Maja zu einer Art Sandburg
geht, die fast so hoch ist wie Jesper, Lara
und Tina.

Maja sieht in den Sandhügel hinein und winkt den Kindern,
zu ihr zu kommen. Jesper, Lara und Tina steigen auf einen
umgekippten Baumstamm, um etwas sehen zu können.
„Was ist das?", fragt Jesper.
„Dinoeier", quiekt Tina begeistert. Maja nickt. „Das sind
meine Jungen. Ich habe gerade entdeckt, dass sich ein Ei
bewegt. Es scheint schon einen kleinen Riss zu haben!"
Alle starren gebannt in das Nest. Und tatsächlich,
da knackt und knirscht es plötzlich. Aus
einem der Eier, die so groß sind wie
Straußeneier, streckt ein kleiner
Mini-Dinosaurier seine Nase
hervor.

„Wir müssen jetzt wieder zurückfahren", sagt der Professor.
„Maja muss sich um ihre Jungen kümmern. Sie gehört wirklich
einer besonderen Dinosaurierart an. Viele Dinosaurier lassen
ihre Jungen allein, wenn sie geschlüpft sind. Wisst ihr, was
Maiasaurier übersetzt heißt? ‚Gute Mutter Echse'!"
Lara, Jesper und Tina sehen Maja noch zu, als der Professor
schon die Waggontür schließt und in die Lok klettert.
„Festhalten!", ruft er. Und dann steigt auch schon
wieder der gräuliche Rauch aus dem Schornstein
empor. Er umhüllt den Zug, und dann rüttelt
und knackt es gewaltig. Nach wenigen
Augenblicken ist es still. Der Nebel
verzieht sich, und Lara entdeckt
wieder ihren Kindergarten.
Alle anderen Kinder sind
noch draußen.

„Wie lange waren wir weg?", fragt sie.

„Keine Sekunde", lächelt Professor Zweistein. „Das ist das Tolle am Zeitreisen!"

Tina streichelt Reptilia und sieht den Professor fragend an.

„Wieso gibt es noch Schildkröten, aber viele Dinosaurier nicht mehr?"

Der Professor nimmt die Pfeife aus dem Mund. „Das ist eine traurige Sache. Die Schildkröten haben wohl Glück gehabt. Man vermutet, dass eines Tages ein riesiger Meteorit auf der Erde einschlug. Die Wissenschaftler glauben, dass er die Erde so verändert hat, dass die Dinos nicht mehr überleben konnten. Jedenfalls hat man aus der Zeit danach keine Dinosaurier-knochen mehr gefunden."

Da kommt Tanja. „Habt ihr die Schildkröte abgegeben?"
Die Kinder nicken. „Und wir haben viel gelernt", sagt Tina
stolz. „Komm, Tanja, wir erzählen dir alles!"
Professor Zweistein schmunzelt. „Na, Reptilia?",
fragt er die Schildkröte. „Ob Tanja unseren
Forschern glauben wird?"
Reptilia zieht schnell den Kopf ein, und
Professor Zweistein muss laut lachen.

Attacke auf dem Piratenschiff

Das wilde Piratenfest

„Alles klarmachen zum Entern!" Im Kindergarten ist ein Riesenlärm. Alle Kinder flitzen durcheinander. Sie tragen Augenklappen, zerlumpte Hosen, verfilzte Perücken und schwarze Bärte. Und sie sehen grimmig aus. Wie Piraten eben. Denn sie feiern heute ein Piratenfest! Auch Tina und Jesper haben tolle Kostüme an. Und ihr Erzieher Toni ist der Piratenkapitän.

„Wir haben einen Schatz erbeutet!", ruft er. „Wer will ein gutes Versteck dafür finden?" Sofort laufen Jesper und Tina los. Natürlich wollen sie das machen!

Toni gibt ihnen eine Schatztruhe aus Holz mit silbernen Beschlägen. Ist die schwer! „Gut verstecken!", flüstert Toni und zwinkert. „Die anderen sollen lange danach suchen!" Tina und Jesper nicken.

Sie schleppen die schwere Truhe quer durch den Garten.

Wo könnten sie die nur verstecken? „Ich hab's!", ruft Tina. „Wir gehen zum Professor!" Professor Zweisteins Lok steht in einer Ecke des Kindergartens. Er wohnt darin und freut sich immer, wenn die Kinder ihn besuchen. Gerade füllt er neue Kohle in den Kohlekasten der Lok. Vom vielen Staub ist er überall ganz schwarz.

„Hallo, Professor", ruft Jesper. „Du siehst ja auch aus wie
ein Pirat!" Professor Zweistein sieht an sich herunter und
lacht. „Du hast recht. Dann kann ich ja mit euch spielen."
Tina nickt aufgeregt. „Ja, das ist eine tolle Idee. Wir müssen
nämlich unseren Schatz verstecken. Du könntest ihn ja in
deinen Waggon stellen und darauf aufpassen. Geht das?"
„Na klar", nickt der Professor. „Obwohl die Piraten ihre
Schätze ja eigentlich nicht versteckt haben."

Jesper sieht ihn erstaunt an. „Was?", ruft er und schüttelt den Kopf. „Natürlich haben sie die versteckt. Wieso gäbe es denn sonst so viele Schatzkarten?" Professor Zweistein wiegt den Kopf hin und her. „So viele gibt es gar nicht. Oft sind das nur Geschichten. Die Piraten haben ihre Schätze meistens verkauft und alles Geld ausgegeben. Sie haben eben ziemlich gerne gefeiert."
„Das glaube ich nicht", sagt Jesper entrüstet. „Aha!", ruft der Professor lächelnd und steckt sich seine Pfeife in den Mund. „Du meinst also, du weißt es besser? Dann wollen wir das mal überprüfen."

Professor Zweistein zeigt auf den Waggon. „Steigt ein. Auf zur wilden Piratenfahrt!" Aufgeregt klettern Tina und Jesper mit der Schatztruhe in den Waggon. Nichts ist schöner als die Zeitreisen mit der Zauberlok des Professors! „Festhalten!", ruft der Professor.

Tina und Jesper sehen, wie er *einen Berg Kohle*  in den Kessel füllt und einige Hebel bewegt. Dann steigt aus dem Schornstein eine dicke Rauchwolke. Im Nu hat sie den ganzen Zug eingehüllt. Er beginnt zu wackeln. Überall knackt und zischt es.

Tina und Jesper halten sich fest. Es rumpelt noch einmal, dann ist es still. „Wir sind gar nicht gefahren, oder?", fragt Tina traurig. „Aber der Kindergarten ist weg!", ruft Jesper. „Und ist hier im Waggon nicht alles etwas kleiner geworden?" Da ruft der Professor: „Schnell, steigt aus!" Die Kinder klettern aus dem Waggon. Und dann sehen sie es: Der ganze Zug schrumpft! Er wird immer kleiner, bis er schließlich wie eine Spielzeugeisenbahn vor ihren Füßen liegt.

„Hey, ihr faulen Piraten, was steht ihr hier rum, zum Donnerwetter noch mal!"

Tina, Jesper und Professor Zweistein drehen sich erschrocken um. Vor ihnen steht ein großer, kräftiger Mann mit verfilzten Haaren und schmutzigem Bart. In seinem Gürtel stecken zwei Pistolen, ein Messer und ein Säbel und er funkelt sie mit finsteren Augen böse an. „Ich habe euch nicht an Bord der Paula geholt, damit ihr nur rumsteht, ihr Halunken!", brüllt der Mann.

„D-d-das ist ein Pirat!", stottert Jesper. Der Pirat sieht ihn scharf an.

„Pirat? Piratenkapitän Feuerbart wolltest du sicher sagen!"

Und schon packt der Kapitän Jesper am Kragen und schleppt ihn zum Schiffsaufgang. „Hilf den andern, den Proviant aufs Schiff zu laden, aber zackig!", schreit er. Jesper stolpert los. Käpt'n Feuerbart dreht sich um. „Und ihr zwei? Ihr geht sofort ... Da beugt er sich vor. In seinen Augen glitzert es gierig. „Was habt ihr denn da für ein Schätzchen?", säuselt er und greift nach der Lok.

„Nicht", ruft Tina. „Das ist unsere Zauberlok!" Der Pirat lacht, dass man all seine fauligen Zahnstummel sehen kann. „Eine Zauberlok, hmm? Die werde ich lieber mal einstecken. Und ihr macht euch in der Kombüse nützlich, aber ein bisschen plötzlich!"

Käpt'n Feuerbart stapft lachend davon und steckt die Lok in seine Jackentasche.

Die Lok ist weg!

Tina sieht den Professor besorgt an. Wie sollen sie ohne die Lok jemals wieder nach Hause kommen? Und was ist überhaupt eine Kombüse?

Der Professor klopft ihr beruhigend auf die Schulter und schiebt sie schnell zur Luke, die in den Schiffsbauch führt.

„Die Kombüse ist die Schiffsküche", erklärt er. „Nur gut, dass wir aussehen wie Piraten. Sonst hätte er uns vielleicht gleich als Fischfutter ins Meer werfen lassen!" Tina steigt lachend die Stufen hinunter. „Ach was", sagt sie. „Doch, doch", sagt Professor Zweistein ernst. „Piraten waren noch nie zimperlich mit Gefangenen!"

Als sie vorsichtig ihre Köpfe zur Kombüse hereinstecken, grinst der Smutje sie breit an. Er hat nur noch zwei Zähne im Mund und sieht lustig aus. „Na, zwei Helfer für den Koch? Dann taugt ihr wohl nicht zur Arbeit auf Deck, hmm? Tja, ein alter Mann und ein kleines Gör, das ist ja auch nix. Da, setzt euch zu Smarti und schält Kartoffeln!" Tina sieht sich um. Dort sitzt ein kleiner Piratenjunge vor einem riesigen Berg Kartoffeln.

„Alle?", fragt sie entsetzt. Der Smutje lacht dröhnend. „Na klar", sagt er. „Oder glaubt ihr, man nennt mich umsonst Kalle, den Kartoffelkloß-koch? Ran an die Arbeit!"

Tina und Professor Zweistein schälen los. „Ich bin Smarti", sagt der
Piratenjunge. Er hat ein schwarzes Tuch um den Kopf gebunden und
ist genauso schmuddelig wie die anderen Piraten. „Warum musst du
in der Kombüse arbeiten?", fragt Tina. Smarti lacht. „Kinderarbeit!
Die gefährlichen, spannenden Sachen sind für die Großen!" Tina
nickt nur. Sie macht sich Sorgen um Jesper. Sie hören, wie oben auf
Deck Kommandos gebrüllt werden. Dann legt das Schiff ab.
Bald schaukelt es kräftig – sie sind auf dem Meer.
Da geht die Tür auf und herein kommt Jesper, dessen Gesicht grün
wie Erbsensuppe ist.

Smutje Kalle lacht. „Na, seekrank?" Jesper nickt. „Der Kapitän
wollte, dass ich den Mast hochklettere, um die Segel loszubinden.
Als mir dabei schwindelig wurde, sollte ich das Deck schrubben.
Aber dann wurde mir erst richtig schlecht. Jetzt hat er mir
mit Kielholen gedroht!" Tina guckt hoch. „Was ist das?"
Smarti grinst sie an. „Da wirste an ein Seil gebunden
und von vorne bis hinten unter dem Schiff am Kiel
entlanggezogen. Das ist nicht so lustig!" Tina wird
blass. Piraten sind aber wirklich gemeine Kerle!

Nun schälen sie die Kartoffeln noch schneller. Die Schalen wirft Jesper durch die Müllluke ins Meer. Plötzlich sieht er gespannt hinaus. „Da ist ein Schiff. Nein, viele Schiffe! Aber eins ist weiter weg. Wir fahren genau darauf zu!" Smarti springt auf.

„Juchhu!", schreit er. Auch der Smutje reibt sich die Hände. „Toll! Sieht so aus, als wäre von einer großen Schiffsflotte ein Schiff zurückgefallen. Bestimmt hat es wertvolle Schätze geladen. Die schnappen wir uns!" Fröhlich ziehen Kalle und Smarti sich Rüschenkleider an. „Wir spielen immer die feinen Damen", sagt Smarti grinsend.

„Warum?", fragt Jesper erstaunt. „Wir winken dem andern Schiff
zu", erklärt Smarti, „damit sie denken, wir wollen nichts Böses.
Und wenn wir nah genug dran sind, hissen wir die Piratenflagge,
unseren Jolly Roger, und dann geht es rund mit der Paula!"
Kichernd steigt er hinter Kalle die Treppe hinauf.

Tina und Jesper
laufen hinterher.

„Bleibt hier", ruft der Professor. „Das ist gefährlich!" Aber
die beiden sind schon an Deck. Die Piraten halten sich noch
versteckt. Einige lachen, aber viele sehen ganz schön grimmig aus.
Sie haben Enterhaken an Seilen in der Hand, Pistolen, Säbel und
Messer. Smarti und Kalle stehen in ihren Kleidern an der Reling, winken
und werfen Kusshändchen.

Auf die Plätze, fertig, entern!

Käpt'n Feuerbart steht inmitten der aufgeregten Piraten und bewegt sich nicht. Er sieht furchterregend aus. Tina und Jesper verstecken sich schnell hinter ein paar großen Fässern. Ihr Schiff nähert sich dem gewaltigen Handelsschiff, das mit seiner schweren Ladung nur langsam vorwärtskommt. Plötzlich ruft dort jemand:

„Reißt das Ruder rum, das sind Piraten!"

Aber es ist zu spät. „Entern!", schreien die Piraten und werfen ihre Enterhaken aus. „Jetzt ziehen sie das andere Schiff heran", flüstert Tina. „Ach Quatsch, das ist doch viel zu schwer!", wispert Jesper zurück.

„Genau", sagt Smarti, der plötzlich hinter ihnen hockt. „Wir ziehen nicht an den Seilen, sondern wir schwingen uns daran auf das fremde Schiff!" Und wirklich, in Windeseile hängen die Piraten dort in den Segeln und an der Reling. Sie stürzen sich mit gezückten Säbeln auf die andere Mannschaft. Ein wilder Kampf beginnt. Nun springen auch einige der fremden Seefahrer herüber und kämpfen direkt vor Tinas und Jespers Nase. Jesper entdeckt, dass der Professor ihnen aus der Luke zur Kombüse hektisch zuwinkt.

Aber da fällt ein Pirat vor seiner Nase um und er krabbelt schnell wieder nach unten.

Da macht es plötzlich ZSCHSCH! Tina und Jesper zucken zusammen. Über ihren Köpfen zündet ein Pirat eine Rauchbombe und wirft sie nach vorn. Das ist ja Kalle! In diesem Moment zupft Smarti an ihren Ärmeln. „Kommt, das wird zu gefährlich hier für uns. Gegen die Großen haben wir keine Chance." Er hebt ein sehr großes Fass hoch und sie klettern hinein. Jetzt können sie nur noch hören, was draußen geschieht. Eine ganze Zeit lang kämpfen die Piraten weiter. Sie hören Holz splittern, Säbel klirren und Piraten wütend brüllen. Ein paarmal wird auch gegen die Tonne gestoßen. Dann wird es ruhiger.

Schließlich brüllt Käpt'n Feuerbart: „Wir haben es geschafft! Ein Hoch auf die Piraten, der Sieg ist unser!" Schnell klettern Tina, Jesper und Smarti aus dem Fass. Draußen liegen viele gefesselte und geknebelte Seeleute. Auch Pistolen, zerschlagene Säbel und zersplittertes Holz sind überall verstreut. Dazwischen tanzen die Piraten. Plötzlich wird Tina hochgehoben. Kalle setzt sie auf seine Schultern und jubelt: „Jetzt gehören die Schätze uns! Und das Schiff dazu!" Smarti lacht und haut dem verdutzten Jesper begeistert auf den Rücken.

Da klettert auch der Professor auf das Deck. „Mit Säbeln kämpfen, ist nicht so mein Ding!", sagt er verlegen. Da packt der Piratenkapitän ihn am Genick. „Du!", zischt er mit schneidender Stimme. „Du hast nicht gekämpft. Das ist Verrat!" Jesper und Tina halten den Atem an. „Ich will dich noch einmal verschonen", sagt Käpt'n Feuerbart. „Wir brauchen jetzt jeden Mann, um das andere Schiff in unser Versteck zu segeln. Aber zur Strafe wirst du das ganze Deck schrubben, klar?" Professor Zweistein nickt. Da ist er ja noch einmal glimpflich davongekommen!

Der Kapitän brüllt seine Anweisungen und blitzschnell haben die Piraten die Gefangenen in den Schiffsbauch gebracht und die beiden Schiffe wieder klar zum Weitersegeln gemacht. Auch Tina und Jesper müssen jetzt mithelfen: Tina darf mit Smarti in den Ausguck hochklettern und melden, wenn sie Schiffe oder Land sieht. Und Jesper muss das Steuerruder halten. Das ist unglaublich schwer und schon bald zittern seine Arme. Erst nach zwei Stunden löst ein anderer Pirat ihn lachend ab. Nun darf Jesper beim Deckschrubben helfen.

„Ich versteh das nicht", sagt Jesper. „Die Piraten sind so dreckig wie nur was und sie stinken weit übers Meer. Warum wollen sie denn dauernd ein sauberes Deck haben?" Professor Zweistein lacht. „Eine gute Frage", antwortet er. „Es geht darum, dass das Holz zu schnell verwittert, wenn es viel salziges Meerwasser und Sonne aushalten muss. Dann geht es kaputt." Jesper staunt. „Ach so! Und warum haben die Piraten so viel Sand ausgestreut?" – „Das machen sie nur vor einem Kampf", sagt der Professor. „Damit sie auf dem Wasser nicht ausrutschen."

Oben auf dem Ausguck erklärt Tina Smarti, wie sie auf das Schiff gekommen sind. Vor lauter Aufregung hatte sie ganz vergessen, dass der Käpt'n ihnen ja die Lok weggenommen hat. Der kleine Pirat macht große Augen. „Ehrlich?" Tina nickt. „Und jetzt müssen wir unsere Lok wiederbekommen um zurückzukönnen!" Smarti kaut an seiner Haifischzahnkette und überlegt. „Leider zieht Käpt'n Feuerbart nie seine Jacke aus. Ihr müsst in seine Kammer schleichen, wenn er schläft." „Oh je!", murmelt Tina. Smarti nickt. „Ich mach das auf keinen Fall für euch, tut mir leid!" Da schreit Tina plötzlich:

Land in Sicht!

Schon bald ankern sie vor einer kleinen Insel im Meer. „Gefangene raus!", brüllt der Kapitän. Die Piraten holen sie aus dem Schiffsbauch. Dann schneiden sie einem nach dem anderen die Fesseln durch und werfen die Männer über die Reling ins Meer. „He, vielleicht kann einer nicht schwimmen", ruft Jesper empört. „Habt ihr das gehört?", lacht Käpt'n Feuerbart. „Schmeißt ihnen noch ein paar von den kaputten Holzbalken hinterher!" Die anderen Piraten lachen schallend.

Und sie werfen wirklich einige Balken ins Meer.

„Achtung!", schreit Jesper. Beinahe hätten sie einen Mann am Kopf getroffen. Auch Smarti muss grinsen. „Ihr seid wirklich keine echten Piraten, was?", sagt er schmunzelnd zu Tina. Die zeigt nach unten. Tatsächlich halten sich zwei Männer an den Balken fest. Die anderen schieben sie mit an Land. Der Piratenkapitän grölt: „Ahoi, ihr Wasserratten! Vielleicht nimmt euch ja jemand wieder mit!" Dann lachen die Piraten dröhnend. Tina sieht besorgt nach unten: Nie im Leben wird sie nachts in die Kapitänskajüte schleichen! Wer weiß, was der Kapitän mit ihr macht, wenn er sie erwischt. Ob sie jemals wieder mit der Zauberlok zurückfahren können?

Aber nun segeln sie erst einmal zur geheimen Pirateninsel. Die Fahrt dauert tagelang. Den Piraten wird langweilig. Sie streiten ständig und manchmal muss der Piratenkapitän dazwischengehen, damit sie nicht mit den Säbeln aufeinander einschlagen.

„Das könnt ihr an Land auskämpfen", befiehlt er. Dann spielen die Piraten lieber Karten und trinken jede Menge Rum. Tina und Jesper sitzen mit Smarti im Ausguck und hören seinen Piratengeschichten zu. Und abends singen die Piraten mit ihren dunklen Stimmen wehmütige Seemannslieder. Das klingt wunderschön.

Nach ein paar Tagen gibt es plötzlich nichts Richtiges mehr zu essen.
Die Vorräte sind aufgebraucht, Smarti kann nur noch Zwieback servieren.
„Auch das Wasser schmeckt schon komisch, findest du nicht?", fragt Tina
Jesper leise. „Jau, bald gibt es nur noch Rum, das Wasser wird schnell
knapp werden", antwortet Smarti. „Aber wir können doch keinen Rum
trinken, wir sind Kinder!", ruft Tina entrüstet. Smarti lacht nur. „Wer
Dreckwasser trinkt, kriegt einen flotten Heinrich." Tina sieht ihn fragend
an. „Durchfall", erklärt der Junge grinsend. Bäh! Tina schüttelt sich.
Wann kommen sie nur auf die Insel?

Die geheime Insel

Nach zwei weiteren Tagen sind sie endlich da. Die Insel liegt vor ihnen.
Rundherum ragen spitze Felsen aus dem Wasser. „Wie wollt ihr da hin-
kommen, ohne irgendwo anzustoßen?", fragt Jesper zweifelnd. Smarti sieht
ihn erstaunt an. „Weißt du nicht, dass Piraten die besten Seeleute sind?
Wir haben nicht nur Verbrecher in der Mannschaft, sondern auch
ehemalige Seefahrer!" Und tatsächlich:

Ohne den kleinsten
Zusammenstoß segeln
die beiden Schiffe
haargenau durch
die Felsen.

Dann ankern sie und der Kapitän
befiehlt: „Schätze zum Aufteilen an
Land rudern und das neue Schiff in
ein echtes Piratenschiff verwandeln!"

Die Piraten legen sofort los. Auch Smarti muss mithelfen. Tina, Jesper und der Professor stehen nur im Weg herum. Deshalb fahren sie mit an Land und sehen sich von dort aus alles an. Viele Piraten beginnen, auf dem neuen Schiff zu arbeiten. Sie reißen ganze Aufbauten ab und machen es leichter, wo sie nur können. Echte Piratenschiffe müssen vor allem schnell und wendig sein. Die anderen Piraten rudern derweil die Schätze an den Strand.

Der Kapitän mustert alles genau. Dann teilt er die Beute auf. Jeder bekommt gleich viel, aber der Kapitän bekommt das Doppelte. Inzwischen ruhen sich schon einige Piraten aus. Sie liegen im Schatten der Bäume und trinken Milch aus Kokos- nüssen. Auch der fiese Piratenkapitän wird freundlicher. Und weil es so heiß ist, zieht er sogar seine Jacke aus. Da pikst Tina Jesper ihren Ellbogen in die Seite. „Autsch!", ruft Jesper. „Los, ich lenke ihn ab und du versuchst, die Lok zu holen", wispert sie. Jesper nickt.

„Wo verstecken wir den Schatz?", fragt Tina und zieht den Piratenkapitän zu seinem großen Goldhaufen. „Verstecken?" Der Pirat zieht
erstaunt die Augenbrauen hoch. „Wieso sollte ich ihn verstecken?
Dann kann ich ihn ja nicht verjubeln!" Tina sieht aus dem Augen-
winkel, dass Jesper sich zur Jacke schleicht. Schnell sagt sie: „Aber
wenn wir einen Teil hierlassen, haben wir für Notzeiten was gespart.
Das können wir dann jederzeit holen!" Der Piratenkapitän zupft an
seinem Bart. „Gar nicht dumm, die Kleine", murmelt er.
Dann dreht er sich um.
Jesper hat gerade seine Jacke in der Hand und erstarrt.

Aber der Kapitän greift nur danach und sagt: „Danke, Junge.
Lasst uns ein gutes Versteck suchen." Dann geht er mit einigen
Piraten den Strand entlang. „Hast du die Lok?", fragt Tina. Jesper
schüttelt den Kopf. „Nee, er hat sich gerade umgedreht, als ich in
die Tasche greifen wollte." „So ein Mist", flucht Tina. „Ärgert
euch nicht", sagt der Professor. „Und seht mal da!" Er zeigt auf
einen großen Goldhaufen. „Der gehört euch!" Tina und
Jesper reißen die Augen auf. So viel? „Das schenken
wir Smarti", sagt Jesper. „Der kann es besser
gebrauchen als wir!" Tina nickt.

Smarti klappt den Mund ungläubig auf und zu, als er hört, dass er das Gold von seinen neuen Freunden bekommen soll. „Danke!", ruft er und umarmt sie stürmisch. „Mann, ihr seid wirklich keine echten Piraten!" Tina und Jesper lachen.

Nachdem sie einen Teil der Beute vergraben haben, segeln die Piraten weiter. Bald sind sie am Ziel: eine große Hafenstadt, in der sich fast nur Piraten treffen. Im Nu wandern die Piraten mit vollen Taschen geradewegs in die Kneipen. Nur einige von ihnen müssen die Schiffe bewachen.

Im Piraten-Hafen

Professor Zweistein hat einen Plan. „Wir warten zwei Stunden", sagt er. „Dann ist der Kapitän betrunken und wir können die Lok holen." Tina und Jesper nicken. Danach zeigt Smarti ihnen den Hafen. Hier ist einiges los: Viele betrunkene Piraten taumeln herum oder schlafen ihren Rausch aus.

Leute laufen umher, Kaufleute handeln mit den Piraten, um ihnen die Schätze abzukaufen, Kisten und Kästen werden ein- und ausgeladen. Schließlich winkt der Professor sie in die Kneipe Zum goldenen Anker wo er Käpt'n Feuerbart entdeckt hat.

Der Kapitän sitzt an der Theke und singt: „Es war einst ein starker Pirat …"
Die Kapitänsjacke liegt über dem Stuhl neben ihm und er guckt zum Glück
gerade in die andere Richtung. Tina schleicht sich vor. Und zack hat sie die
Lok aus der Tasche gegriffen. Dann gehen sie wieder hinaus. Das ging ja
leicht, denkt Jesper. Da hört er jemanden rufen: „Hey, Feuerbart, das Gör
hat dir grad was aus der Tasche geklaut!" Schnell schließt Smarti die Tür.
„Lauft los!", schreit er, „ich halte die Tür zu!" Tina und Jesper rennen zum
Professor auf die Straße.

Tina dreht sich noch einmal um: „Danke, Smarti!"

Der Professor schielt in die Lok. Mit einem Stock versucht er, die Hebel zu bewegen. „Komm schon!", brummt er ungeduldig. Da sieht Tina, wie der Piratenkapitän die Kneipentür auftritt und Smarti sich versteckt. „Schnell", sagt sie hastig. „Ich hab's", strahlt der Professor. Und wirklich, die Lok wird größer! Er stellt sie auf den Boden. Sie wächst rasch und die Leute springen erschrocken zur Seite. „Wartet nur, ihr Halunken!", schreit Käpt'n Feuerbart. Aber der Professor schiebt Tina und Jesper schon in den Waggon, wirft die Tür zu und klettert in die Lok. Bevor der Kapitän sie erreicht, fahren sie los.

Eine große Rauchwolke steigt aus dem Schornstein. Jesper und Tina sehen, wie Käpt'n Feuerbart wütend neben ihnen herrennt. Smarti winkt ihnen aus der Ferne zu. Dann wird der Rauch immer dichter. Der Zug schwankt und wackelt und überall ächzt und knarrt es. Tina klammert sich an ihren Sitz. Jesper hält sich am Fenstergriff fest und versucht, draußen etwas zu erkennen. „Ich glaube, ich sehe schon die Bäume!", ruft er. Und dann verschwindet der Rauch. Sie stehen tatsächlich wieder vor den Bäumen des Kindergartens.

Aussteigen!

Jesper und Tina klettern aus dem Waggon. „Das war piraten-cool!", ruft Jesper. Tina nickt. „Und wir kennen jetzt ein echtes Schatzversteck", sagt sie schelmisch. „Wann fahren wir in die Südsee und sehen nach, ob der Schatz von Käpt'n Feuerbart noch vergraben ist?" Professor Zweistein lacht. „Na, erst einmal sind wir ja wieder hier im Kindergarten. Und weil wir keine Sekunde lang weg waren, wollen die anderen jetzt bestimmt euren Schatz suchen." Jesper lacht. „Stimmt ja! Komm, Tina, lass uns zu Toni gehen und eine Schatzkarte malen!"

Und dann flitzen die beiden davon.

Professor Zweistein reibt
sich mit seinem Taschentuch den
Ruß aus dem Gesicht. „Puh, das war ganz schön aufregend!", seufzt er. Dann
kramt er aus dem Waggon eine kleine braune Schachtel hervor. „Zur Belohnung
gönne ich mir jetzt meinen ganz eigenen Schatz, bevor die Kinder wiederkommen
und ihre Kiste holen." Er öffnet die Schachtel und holt zwei glänzende runde
Schokotaler hervor. „So ein Goldschatz ist mir doch der liebste", lacht er und
schmatzt los, wie es sich für einen echten Piraten gehört!

Auf zum Ritterturnier!

Die Schatzgräber

„Fang schon mal auf der anderen Seite an", ruft Jesper Tina zu, als er gerade wieder seinen Spaten in die Erde sticht.

„Ich bin schon ziemlich tief unten, hier kommt schon schwarze Erde!" Tina und Jesper wollen einen großen Burggraben für ihre riesige Sandburg ausheben. Plötzlich ruft Jesper: „Oh!" „Was ist?", fragt Tina. „Ich habe etwas gefunden", antwortet Jesper und hält Tina einen Erdklumpen hin. Sie grinst. Jespers Gesicht ist schwarz wie das eines Schornsteinfegers!

Tina sieht genauer hin:

Das ist ja ein Ring!

„Und was für ein Ring! Groß und breit und goldglänzend. Wer hat denn den hier vorm Kindergarten vergraben?", fragt Jesper. Auf dem Ring sind Buchstaben und ein Bild. „Ist das ein Drache?", fragt Tina neugierig. „So ein gefährlicher Feuerspucker? Und was steht denn da?"

Jesper zuckt mit den Schultern. „Lass uns den Professor fragen", sagt er und läuft los. Professor Zweistein ist der Hausmeister des Kindergartens. Er wohnt in seiner Zauberlok auf der großen Spielplatzwiese.

Der Professor staunt. „Das ist ein echter Siegelring", sagt er.
„Es ist ein Wappen eingraviert. Darunter steht:

Drachenherz

Und ihr sagt, ihr habt ihn ausgegraben? Dann kann der Ring
nur ein Überbleibsel von der alten Ritterburg sein, die mal auf
der Kindergartenwiese gestanden hat." Jesper macht große
Augen. „Hier hat eine Burg gestanden?" Professor Zweistein
wackelt lachend mit der Pfeife in seinem Mund.

Da staunst du, was?
Nicht hier, aber dort drüben.
Die kleine Kapelle war
ein Teil der Burganlage.

Tina guckt den Professor misstrauisch an. „Eine echte Burg? Mit Rittern und allem? Das glaube ich nicht." Professor Zweistein schmunzelt. „Dass ihr beiden mir aber auch nie glaubt! Ich vermute fast, ihr wollt nur mal dorthin reisen, hm?" Tina lacht. Natürlich möchte sie das! Bevor der Professor noch etwas sagen kann, ist sie schon im Waggon der magischen Lok und macht es sich erwartungsvoll auf den roten Samtsitzen bequem.

Jesper klettert hinterher.

Der Professor grinst. „Ihr seid mir zwei Rabauken. Na, dann los, auf ins Mittelalter!" Er steigt in seine Lokomotive und schürt das Feuer. Dann schaufelt er Kohlen ein. Bald steigt Dampf aus dem alten Schornstein. Die Lok beginnt zu wackeln und zu ächzen. „Toll, oder? Wir fahren ins Mittelalter", flüstert Tina aufgeregt. „Wo ist denn das?", fragt Jesper. „Nicht wo, sondern wann", erklärt Tina. „Das Mittelalter ist die Zeit, in der die Ritter gelebt haben."

es zisch und ruckelt zisch
zischt
es zisch und zischt
es zisch und
es zischt und zischt und
es zischt und ruckelt ruckelt
zisch
es zischt und ruckelt zisch
es zischt und
zisch ruckelt
r ruckelt zischt und

es zischt r uckelt
zischt es zischt und
es zischt und ruckelt

Tina und Jesper halten sich fest. Der Zug wird von dichtem
Rauch umhüllt. Laut dröhnend setzt er sich in Bewegung. Der
Waggon schwankt und Tina und Jesper hören, wie sich die
Flügel ausfahren. Und dann steht der Zug auch schon wieder
still. Als der Rauch sich verzogen hat, sehen sie vorm Fenster
eine Mauer. Jesper klettert aus dem Waggon. „Die Burg", flüstert
er beeindruckt. Auch Tina und der Professor steigen nun aus.

Im nächsten Moment laufen viele Menschen aus der Burg heraus. Sie rennen über die Zugbrücke. Wachleute mit gezückten Schwertern und finsterem Blick umstellen Tina, Jesper, Professor Zweistein und den Zug. Dahinter kommen neugierige Männer, Frauen und Kinder. Aus ihrer Mitte tritt ein stattlicher, großer Mann mit stolzem Gesicht.

Wer seid Ihr, Fremde?

Und was ist das für ein Ungetüm?

Tina kichert. Ungetüm? Meint der Mann den Professor? Dann fällt es ihr ein: die Lok! Im Mittelalter gab es noch keine Eisenbahnen. Die Menschen hier wissen gar nicht, was das ist!

Professor Zweistein nimmt mit einer leichten Verbeugung seinen Hut ab. „Mein Herr, dies ist ein Zug, mit ihm sind wir zu Euch gereist." Der Mann runzelt die Stirn. „Gereist? Nun, das müsst Ihr mir näher erklären. Ich bin Ritter Arthur von Drachenherz, Herr dieser Burg. Wer seid Ihr?" Der Mann sieht sie misstrauisch an. Da fällt sein Blick auf den Ring an Tinas Finger. Der Ritter beugt sich zu ihr hinunter und betrachtet den Ring. „Das ist unser Wappen", sagt er erstaunt. „Woher hast du ..."

Die Verwechslung

Dann fangen seine Augen an zu leuchten. „Du bist Maria, das kleine Töchterchen meines Bruders Johannes! Aber weshalb bist du schon hier? Ihr solltet doch erst morgen kommen! Wo ist Johannes?" Er hebt Tina lachend hoch und wirbelt sie herum.

Tina sieht ihn verwirrt an. Wer soll sie sein?
„Kommt herein", bittet Ritter Arthur. „Maria, dich werde ich zu meiner Frau bringen. Und Ihr, mein Herr, müsst mir alles über dieses Gefährt erzählen. Seid Ihr auch ein Ritter? Ein Freund meines Bruders? Und dies ist Euer Page?" Professor Zweistein nickt überrumpelt.

Als Jesper und der Professor hinter dem Ritter her in die Burg laufen,
flüstert Jesper: „Der Ritter hat sich alles selbst erklärt. Das ist prima,
so können wir die ganze Burg besichtigen!" Aber der Professor
schüttelt den Kopf. Er kratzt sich am Bart und murmelt: „Wenn sie
diese Lüge herausbekommen, sperren sie uns sicher in den Kerker!"
Jesper läuft ein Schauer über den Rücken. Kerker, wie spannend!

Als sie in den Speisesaal kommen, nimmt ein kleiner Junge
Jesper an die Hand. „Komm", sagt er. „Die Pagen müssen Bier
und Wein ausschenken." „Ich bin kein ...", beginnt Jesper. Aber
der Professor stupst ihn an. Ach ja, die erfundene Geschichte!
Der fremde Junge lächelt. „Ich heiße Joost", sagt er und drückt
Jesper einen furchtbar schweren Krug in die Hand.
„Ich hei-ße Jes-per – uff!", stöhnt Jesper.

Dann los, Jesperuff, schenk ein!

Und dann läuft er auch schon los.

Die Krüge sind schwer, aber es macht Jesper Spaß, die Getränke auszuschenken. Auch Tina bekommt etwas. „Bier?", fragt sie entsetzt. „Ich kann doch kein Bier trinken!" Ritter Arthur, der neben ihr sitzt, lacht. „Ach so, zu Hause bekommst du wohl immer Wein, wie? Na bitte, kein Problem!" Tina will gerade etwas sagen, als Jesper flüstert: „Ich glaube, bei den Rittern gibt es kein sauberes Wasser, Tina! Trink doch einfach nichts!" Tina nickt. Wahrscheinlich hat Jesper recht.

Nach dem Essen wird Tina von der Burgherrin mitgenommen. Sie soll mit ihren beiden Kindern spielen. Denn Mädchen dürfen nicht herumlaufen. Und Page sein und helfen dürfen sie schon gar nicht. Wie gemein! Jesper läuft dem Professor hinterher, der gerade von Ritter Arthur zur Zugbrücke geleitet wird. „Ihr seid ja sicher damit einverstanden, dass ich das neue Gefährt untersuche? Wird es denn von Pferden gezogen?" Der Professor schüttelt den Kopf und will gerade erklären, wie eine Lokomotive funktioniert. Da sieht er durch das Tor seinen Zug.

„Was machen die da?", fragt Professor Zweistein entsetzt. Die schöne alte Lokomotive sieht ganz anders aus! „Das sind meine Handwerker. Sie nehmen das Gefährt auseinander, um es genau unter die Lupe zu nehmen." Der Professor zupft sich hektisch am Bart. „Das geht doch nicht, sie machen sie kaputt", sagt er aufgeregt. Ritter Arthur sieht ihn fragend an.

Wir möchten sie doch nur nachbauen und setzen sie später wieder richtig zusammen.

Nun wird es ernst!

„Das könnt Ihr doch gar nicht", sagt der Professor wütend. „Wie bitte?",
ruft Ritter Arthur beleidigt. „Natürlich können wir das! Glaubt Ihr, Ihr
seid besser als wir?" Professor Zweistein schüttelt schnell den Kopf und
murmelt: „Nein, ich meine doch nur ... Sie ist doch eine Zauberlok!"
Aber zu spät. Er hat keine Gelegenheit mehr, dem Ritter zu erklären,
dass ihm Material und Geräte aus der Zukunft fehlen. Der Ritter hört
ihm gar nicht zu. Stattdessen ruft er: „Mein werter Herr Professor! Das
war eine Beleidigung und kränkt meine Ritterehre. Beim Tjost morgen
werdet Ihr gegen mich kämpfen!"

Dann stampft er wütend davon.

„Ojeojeoje", ruft Professor Zweistein. „Ein Tjost, also ein Ritterwettkampf zu Pferd. Gegen einen echten Ritter. Und die Lok ist völlig zerlegt. Fliehen geht also nicht. Was mache ich nur?" Er sinkt seufzend auf einen Stein. Jesper versucht, ihn zu trösten. „Das schaffen wir schon. Du kannst doch reiten, Professor." Und Joost, der den Streit gesehen hat, streckt stolz die Brust heraus:

Ich kann Euch alles zeigen und beibringen. Kein Problem!

Der Professor seufzt. Er hat keine andere Wahl. Ritter Arthur ist ein echter Ritter und deshalb höflich und anständig. Er leiht dem Professor ein Pferd und eine passende Rüstung. Sie fangen gleich an zu üben. Joost darf ihnen alles zeigen. „Ihr seid doch ein Ritter, weshalb könnt Ihr nicht kämpfen?", fragt Joost erstaunt. „Das kann ich dir nicht erklären", sagt der Professor. „Ich bin so eine Art Zauberer. Das muss aber unser Geheimnis bleiben, hörst du?" Joost nickt. Einen Zauberer hat er noch nie kennengelernt, aber schon viele Geschichten über sie gehört. Joost ist mächtig stolz darauf, dass er dem Professor alles zeigen darf!

Joost und Jesper helfen Professor Zweistein, wie zwei echte Pagen ihrem Ritter helfen würden. Als Erstes ziehen sie ihm die Rüstung an. „Ist die schwer", brummt der Professor. „Ich kann mich ja kaum bewegen!" Hände, Füße, Beine, Brust und Kopf - alles ist jetzt mit schweren Eisenplatten geschützt. „Wie komme ich denn so auf mein Pferd?", tönt es dumpf aus dem Helm hervor. Joost lacht. Zusammen mit Jesper hilft er Professor Zweistein auf das Pferd.

Ich muss mal!

„Geht nicht", widerspricht Joost. „Das Auskleiden dauert zu lange.
Ihr müsst jetzt erst mal an der Stechpuppe üben!" Er hält Professor
Zweistein die lange Lanze entgegen. Dann gibt er dem Pferd einen Klaps.
Wiehernd läuft es auf die Stechpuppe zu. „Beim Tjost kommt ihm ein
echter Ritter entgegen", erklärt Joost. „Und wer den anderen aus dem
Sattel stößt, hat gewonnen." In diesem Moment kippt der Professor samt
Lanze vom Pferd. Die Rüstung scheppert laut. Der Professor stöhnt. „Oje,
beim Professor gewinnt sogar die Stechpuppe", kichert Jesper. Dann läuft
er schnell los, um ihm wieder aufs Pferd zu helfen.

Während der Professor weiterübt, sucht Jesper die Toilette.
Er muss auch mal! Als er sie findet, staunt er nicht schlecht.
Das Klo ist hinter einer kleinen Tür mitten in der Burgmauer!
Er sieht durch das Loch:

Weit unter ihm, auf dem Boden
außerhalb der Burgmauer, liegt der
ganze Dreck. Keine Spülung. Und es
stinkt! Jesper beeilt sich. Als er zurück
zum Professor gehen will, hört er ein
Pfeifen und dreht sich um. Durch
eine der Türen winkt Tina ihn zu
sich. „He, Jesper", flüstert sie. „Wie
geht es jetzt weiter?" Jesper erklärt
ihr, was passiert ist. „Auch das noch.
Kann er denn die Lok zusammen-
setzen, bevor er kämpfen muss?"

Jesper zuckt mit den Schultern. „Hier ist es so langweilig", sagt Tina.
„Die anderen Kinder sind noch Babys. Und es ist
eiskalt hier. Durch die dicken

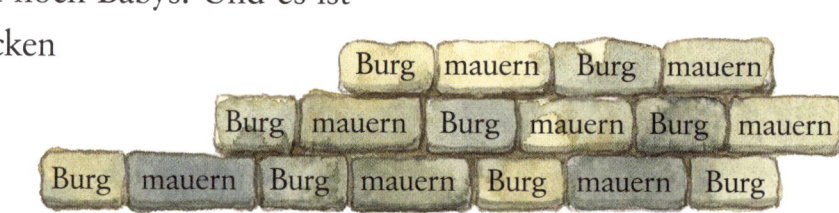

kommt keine Wärme.

Nur im Winter wird der Kamin angemacht. Und eine Heizung gibt
es auch nicht. Ich friere!" Jesper grinst. „Warst du schon auf dem
Klo?" Tina schüttelt den Kopf. „Du wirst dich wundern", verspricht
Jesper. Dann sagt Tina: „Ich schlafe hier in einem riesigen Himmel-
bett. Und du?" Das weiß Jesper noch nicht. „Wir sehen uns beim
Abendessen", sagt er nur und läuft schnell zurück zum Professor.

Das Abendessen findet Jesper besser als das Mittagessen. Da hatte es nur Haferbrei gegeben. Jetzt aber bekommen sie jede Menge Fleisch und Gemüse! Leider muss er bedienen, bevor er selbst etwas essen darf. „Hast du kein Messer?", fragt ihn Joost, als er hilflos auf sein Fleisch starrt. „Eigentlich muss jeder sein eigenes mitbringen." „Und Gabeln?", fragt Jesper. „Was?" Joost versteht ihn nicht. Er isst einfach mit den Fingern. Da macht Jesper es ihm nach. Meine Güte, denkt Jesper. Gabeln gibt es wohl auch noch nicht. Was für eine komische Zeit das Mittelalter doch ist!

Dann geht es endlich ins Bett. Jesper wird mit Joost im Heu schlafen. Und der Professor? „Ich kann nicht schlafen, ich muss den Zug wieder richtig zusammenbauen", stöhnt Professor Zweistein. „Morgen Mittag ist schon der Tjost. Ich würde sehr gern vorher abreisen!" Jesper nickt.

Dann will er sich die Zähne putzen. Aber Joost sieht ihn nur fragend an. „Sonst kriegt man doch Löcher!", sagt Jesper. Joost zuckt mit den Schultern. „Die hat doch jeder. Zähne tun eben weh, das ist so. Und wenn ein Zahn völlig kaputt ist, wird er gezogen." Jesper staunt. Wie ist er froh, dass seine Zähne nicht immer wehtun!

Als er mit Joost zum Stall geht, sehen sie in der Kapelle jemanden mit einem Kapuzenmantel vorm Altar knien und beten. „Das ist Heinrich, der Knappe", flüstert Joost. „Er wird morgen zwanzig und zum Ritter geschlagen. Deshalb auch der Tjost. Nach so einem Ritterschlag gibt es immer Wettkämpfe und ein großes Fest."
Vorm Einschlafen muss Jesper an den Professor denken. Ob er die Lok reparieren kann? Eigentlich würde Jesper gerne das Fest mit-erleben. Und wie es Tina wohl gerade geht? Sicher liegt sie im Himmelbett gemütlicher als er hier im Heu. Jesper wälzt sich lange hin und her. Aber irgendwann schläft er dann doch ein.

Das Turnier beginnt

Am nächsten Tag gehen Joost und Jesper mit in den Rittersaal, wo Heinrich zum Ritter geschlagen wird. Sie sehen, wie Heinrich sich hinkniet und Ritter Arthur sein Schwert hebt.

Dann lässt er es sanft auf Heinrichs Schultern sinken.

Nun schwört Heinrich, dass er die Schwachen beschützt, dass er treu, mutig und höflich sein wird. Wie es sich für einen echten Ritter gehört. Dann bekommt er sein eigenes Schwert und seine eigenen Sporen.

„Ich möchte auch so gern ein Ritter werden", seufzt Joost wehmütig. „Das wirst du später ganz sicher", sagt Jesper. Dann laufen sie rasch in den Burghof. Es ist schon Mittag. In einer Stunde beginnen die Wettkämpfe!

Langsam füllt sich der Platz mit fremden Wagen und Pferden. Viele Gäste kommen zum Fest.

Jesper und Joost lauschen den Gesprächen ein bisschen, dann gehen sie zu Professor Zweistein. „Ich bin fast fertig", sagt der Professor. „Eine Stunde noch!" „Zu spät", sagt Jesper. „Die Wettkämpfe beginnen. Du musst jetzt kämpfen, du bist als Erster dran!" Der Professor lächelt schief.

Dann fällt ihm etwas ein. „Wo ist denn eigentlich Tina?", fragt er. „Noch in der Burg", sagt Jesper. „Zum Glück verspätet Arthurs Bruder sich, er hat einen Boten geschickt. Du musst jetzt schnell kämpfen und die Lok reparieren, damit wir wegkommen, bevor der ganze Schwindel auffliegt!" Der Professor seufzt. Dann lässt er sich von Jesper und Joost in die Rüstung zwängen und auf das Pferd helfen.

Als sie den Professor auf dem Pferd zum Turnierplatz führen, klopft Jespers Herz wie wild. Ob alles gut gehen wird? Es ist laut hier, die Pferde wiehern aufgeregt, irgendwo spielen die Musikanten fremd klingende Melodien. Unglaublich viele Menschen sind zusammengekommen.

Jesper und Joost ziehen das Pferd durch die Massen.

Neben dem Turnierplatz ist für den Gastgeber und die wichtigsten Gäste eine Zuschauertribüne auf-
gebaut. Dort sitzt auch Tina und winkt Jesper zu.
Sie hat ihr altmodisches Kleid an und einen
lustigen, spitzen Hut auf. Jesper winkt zurück.

Dann stehen der Professor und sein Pferd auf dem Turnierplatz. Ihm gegenüber sitzt, weit weg, Ritter Arthur auf seinem Turnierpferd. Am Rand des Feldes steht ein wichtig aussehender Mann, der gerade den adligen Namen von Ritter Arthur ausruft. Und dann verkündet er noch: „Und der fremde Ritter hat gewettet, dass er unseren berühmten Ritter Arthur besiegen wird. Bei einer Niederlage will er sogar sein fremdes Gefährt hergeben, so sicher ist er sich seines Sieges!" Das stimmt doch gar nicht! Professor Zweistein protestiert, aber das geht in den allgemeinen Jubelrufen unter.

Der Professor wird blass. „Ich kann doch niemals gewinnen. Ritter
Arthur ist geübt und ein berühmter Ritter. Das ist doch ungerecht!
Und dann kommen wir hier nicht mehr weg, nie mehr!" Auch Jesper
wird es mulmig. Für immer Haferschleim essen, im Heu schlafen
und auf stinkende Klos mit Loch gehen? Bitte nicht! Was sollen sie
nur tun? Da steht plötzlich Tina neben ihm. „Ich habe eine Idee",
sagt sie. „Mach eine Räuberleiter!" Jesper faltet die Hände. Tina
steigt hoch und stopft dem Professor etwas in den Mund.
„Kauen", ruft sie. Und der Professor kaut, was das
Zeug hält.

Täterätetä!

Da ertönt auch schon die Fanfare. Ritter Arthur reitet los. Und Joost gibt Professor Zweisteins Pferd einen Klaps. Es wiehert und bäumt sich auf, dann rast es los. Der Professor fällt beinahe hintenüber. Dabei klappt sein Visier hoch. Jetzt sieht er Ritter Arthur auf sich zurasen. Er ist schon ganz nahe! Gleich wird er ihn umstoßen! Vor Schreck macht der Professor aus dem Kaugummi eine Riesenblase, die schließlich mit einem lauten PENG! zerplatzt. Ritter Arthur reißt die Augen auf und versucht zu bremsen. Aber sein Pferd ist zu schnell. Seine Lanze kippt nach oben. Da hebt der Professor schnell seine eigene Lanze und schubst Ritter Arthur einfach vom Pferd.

Juchhuuuuu!

Die Menge jubelt. Noch nie hat jemand den berühmten Ritter Arthur besiegt! Der Ritter springt auf und schreit:

Eine Kugel, eine rosa Kugel kam aus dem Helm!

Aber alle schütteln nur den Kopf. So ein Blödsinn! Und der Professor schluckt den Kaugummi schnell runter. Er hat gewonnen! Jesper und Tina umarmen ihn.

„Eigentlich war das ja nicht fair. Jetzt ist Ritter Arthurs Traum von der Lok zerplatzt", kichert Professor Zweistein. „Aber Ritter Arthur war auch nicht fair", sagt Tina. „Und wir müssen doch auf jeden Fall zurück!" Da nickt der Professor. „Stimmt. Da kann man wohl mal ein Auge zudrücken!"

Nur weg von hier!

Ritter Arthur beschwert sich noch eine Weile, aber dann merkt er,
dass ihm keiner glaubt. Und schließlich ist er ein ehrenwerter
Ritter, da kann er nicht als schlechter Verlierer dastehen! Er
reicht Professor Zweistein die Hand. „Nun gut, so habt Ihr denn
gewonnen, fremder Ritter. Ihr dürft Euer Ungetüm behalten.
Aber bitte reist heute noch ab, ich möchte nicht immer an meine
Niederlage erinnert werden." Damit ist der Professor natürlich
sehr einverstanden!

Schnell kleiden Jesper und Joost ihn aus. „Maria", ruft eine helle
Stimme. Schon kommt die Burgherrin um die Ecke.

„Da bist du ja, Maria", sagt sie. „Komm, wir wollen die restlichen
Wettkämpfe anschauen. Du kannst dich später verabschieden. Dein
Vater kommt ja auch bald her." Tina sieht Jesper schulterzuckend
an. Jesper sagt zum Professor: „Hoffentlich schafft sie es später,
sich wegzuschleichen, wenn die Lok abfahrbereit ist!"
Professor Zweistein legt ihm beruhigend die Hand auf die Schulter:

Da bin ich ganz sicher. Jetzt muss ich sie erst einmal reparieren, die Lok!

Zum Glück dauert es nicht mehr lange, bis die Lokomotive wieder
fahrtüchtig ist. Professor Zweistein zieht an einem Seil und ein lang
gezogenes „Tuut!" ertönt. „Jetzt weiß Tina, dass sie kommen
muss", sagt er zu Jesper. Dann holt er seine Pfeife aus seiner
Hosentasche. „Endlich wieder Pfeife kauen, das hat mir gefehlt
als Ritter." - „Aber nicht anzünden!", sagt Jesper. Der Professor
lächelt: „Das tu ich doch nie!"
Dann schaufelt er Kohlen in die bereits entfachte
Glut. Rauch steigt aus dem Schornstein auf.
Der Zug beginnt leicht zu wackeln.
„Da!", ruft Jesper und zeigt auf die
Zugbrücke, über die endlich
Tina gelaufen kommt.

Tina springt in den Waggon, Jesper schließt die Tür. Neben dem Zug stehen jetzt viele neugierige Gäste. Auch Ritter Arthur ist gekommen. In diesem Moment hält ein weiteres Pferdegespann vor der Zugbrücke. „Johannes", ruft Ritter Arthur erfreut. „Da bist du ja! Wer ist denn das? Deine Tochter? Aber wer ist dann das Mädchen, das …" – „Auf Wiedersehen!", ruft Tina. „Dankeschön, hier ist noch der Ring!" Sie wirft Ritter Arthur den Ring zu. Dann setzt die Lok sich in Bewegung. Sie faucht und zischt und dichter Rauch hüllt den ganzen Zug ein. Tina und Jesper sehen gerade noch das verdutzte Gesicht Ritter Arthurs.

Gleich darauf sind sie auch schon wieder im Kindergarten. Der Zug bebt noch kurz, dann bleibt er stehen und es wird still. „Jetzt haben wir gar kein Andenken an die Ritterzeit", murmelt Jesper, der den Ring gerne behalten hätte. „Doch", sagt Tina lachend. „Sieh mich an!" Und tatsächlich, Tina hat immer noch das mittelalterliche Kleid mit dem hübschen Hut an. „Komm, das zeigen wir den anderen Kindern", meint Jesper und zieht Tina an der Hand mit sich.

Tschüss, Professor, und danke, es war toll!

Der Professor sieht ihnen nach. Dann lässt er sich erschöpft auf den Sitz in der Lok fallen. „Ach, liebe magische Lok", sagt er gähnend, „ich glaube, das Mittelalter ist nichts für einen so mittelalten Professor wie mich. Ich bin doch lieber Lokführer als Ritter. Hoffentlich wollen sie das nächste Mal an einen gemütlichen und ruhigen Ort fahren!" Die Lok stößt einen zustimmenden Pfiff aus. Dann verbreitert sich der Sitz zu einem gemütlichen Bett und der Professor braucht nur noch zur Seite zu kippen und loszuschnarchen!

Forscherbericht

Nachdem Tina und Jesper den Kindern von ihren Abenteuern erzählt haben, basteln sie gemeinsam mit der Kindergartengruppe:

Alle diese Dinos hat uns Maja in ihrer Welt gezeigt.

Lara, Tina und Jesper aus der Sonnenblumengruppe

So sieht das Piratenschiff
des Kindergartens aus. Wir
haben dazu viele abgelutschte
„Eis-am-Stiel"-Stecken ge-
braucht. Lecker!

Franz, 3 Jahre,
Sonnenblumengruppe

Lina, 5 Jahre,
Fischegruppe

Der Rittertjost kann beginnen! – Die
Ritter haben wir aus Flaschenkorken,
Holzkugeln und Pfeifenputzern gemacht.

Was wir schon alles können!

Was wir schon alles können - Geschichten, die stark machen
ISBN 978-3-8112-3393-5, 104 Seiten
€ 6,95 (D) / € 7,20 (A)

Ein Tier pflegen, den ersten Arztbesuch meistern, Freundschaften schließen
oder beim Einkaufen helfen: In vier humorvoll erzählten Geschichten
erleben Kinder immer neue Herausforderungen, die es zu bewältigen gilt,
wie sich Mut, Furcht und Stolz anfühlen und was es bedeutet, sich
zu streiten, zu versöhnen und Verantwortung zu übernehmen.

• 4 Bilderbücher in einem Band
• Geschichten, die Kindern Mut und
  Selbstvertrauen geben
• Für Kinder ab 3 Jahren

www.gondolino.de